CONFESSION
GÉNÉRALE
DE GUILLERAULT,
Député de la Nièvre.

JE rêvais cette nuit que GUILLERAULT, rongé depuis dix années par une maladie honteuse, était enfin réduit aux bords du monument, et que pour mourir en paix avec sa conscience, il avait pris le parti de se confesser, et de faire au moins un acte de répentir.

Mon frère, lui disait le confesseur, ne vous abandonnez point aux mouvemens d'une conscience déchirée par les remords ; si vous avez été un grand pécheur, abjurez vos erreurs funestes ; réparez au moins par vos regrets, les fautes que vous avez commises ; faites-en l'aveu sincère, et demandez pardon à Dieu et aux hommes.

Ah! qu'il vous est facile de voir de sang froid les abîmes éternels, à vous ministres de la mort, qui en êtes éloignés; mais moi, qui vous écoute, je sens qu'ils s'entr'ouvrent pour m'engloutir à jamais. Je sens déjà les supplices avant-coureurs du trépas. Déjà les remords vengeurs me déchirent....... Il n'est point de grâce pour celui qui a tout violé sur la terre........ A ces mots, une sueur froide couvrit tout son corps qui parut inanimé pendant quelques momens....... Ensuite, revenant de sa léthargie, il continue en ces termes: Comment pourrez-vous, ô Ange du Seigneur, ministre de la paix, prodiguer de si douces consolations à un homme qui vous a lâchement trahi, après avoir été si généreusement accueilli par vous dans sa détresse? (A) Comment rendez-vous le bien pour le mal

___

(A) Le citoyen SOUTEYRAN, ci-devant procureur des bénédictins de la Charité, qui avait une maison à Belleville, y retira pendant plusieurs mois en 1793, le représentant GUILLERAULT, pour le soustraire à l'arrestation dont il était menacé. Il compromit plusieurs fois sa sûreté personnelle, pour lui faire parvenir ses correspondances. Il eut même la générosité de le nourrir et de lui faire des avances. Ayant été lui-même incarcéré par motif de suspicion, Guillerault à celui qui rendit toujours le mal pour le bien? Ah! que la tendre charité qui vous anime prouve bien la sainteté de votre ministère!......

Passons, répond le moine; nous nous vengeons des vivans, mais le ciel veut que nous pardonnions aux mourans. Notre devoir est de les consoler et de les endormir dans le calme et l'espérance...... Le malade continue: Ah! si j'avais eu le bonheur d'être pendu, la première fois que je l'ai mérité, cela m'eût épargné bien des crimes!...... Il parle bas...... Des signes d'inquiétude se manifestent sur sa figure...... Le confesseur s'agite...... L'indignation se peint dans ses regards et dans ses gestes...... Par Saint Benoît! dit-il...... Prostituer sa femme à un prêtre hérétique et luxurieux!...... Enivrer des paysans crédules, et leur mettre le poignard à la main pour assassiner un confrère dont on est jaloux!...... Juste ciel! quelle horreur!...... La pâleur de la mort reparaît sur la figure du malade,.... il lève les mains au ciel et continue d'une voix faible et entrecoupée : N'accablez pas

---

lui refusa ses secours et sa protection; il poussa l'ingratitude et la dureté jusqu'à faire fermer sa porte, à ceux qui venaient solliciter en sa faveur.

un malheureux qui vient gémir à vos pieds de ses longs égaremens...... Ministre d'un dieu de paix, ne soyez pas plus sévère que sa justice...... Ma conscience ne peut étouffer les cris des veuves et des orphelins que j'ai dépouillés ; ils réclament vengeance...... Je vois d'ici ce malheureux parent qui m'avait abandonné son bien, et que j'ai fait périr de misère dans une maison de force à Bourges ; son ombre me poursuit !...... je ne puis l'éviter ! Dieu ! que les remords sont cuisans !...... je les sens pour la première fois !...... Comment pourrai-je restituer à l'honnête COURROUX et aux héritiers LEVACHER, la succession que je leur ai escroquée par des faux qui devaient me conduire au supplice ? Et toi, brave et loyal PERRAUT, comment ai-je pu si lâchement surprendre ta bonne foi, et te voler mille écus ?...... — Vous avez donc bien volé ?...... Ah ! mon père !...... j'étais procureur ! — Vous étiez procureur ! — Et notaire, qui plus est. — Ah ! ah !...... Mais vous devez être riche, il faut restituer...... — Restituer ! cela est impossible, mon père ; car le jeu, l'intrigue et les femmes ont tout absorbé..... — Grand Dieu ! quel fripon !...... — Si vous frémissez au récit des crimes particuliers, ils doivent

attirer sur ma tête des châtimens éternels, quelles peines pourront donc expier les crimes publics que j'ai commis dans les fonctions augustes de Représentant du Peuple?.......
Depuis le fatal moment où je trahis mes sermens, en appellant l'esclavage sur ma patrie, j'ai marché de crime en crime; j'ai tout fait pour rétablir un régime abhorré. J'ai pris tous les masques, tous les langages pour séduire le Peuple et le déchirer par ses propres mains. A l'époque où l'insurrection de la Vendée éclata, il existait dans plusieurs départemens un ferment de guerre civile et de contre-révolution. Lyon, Marseilles, Toulon, la Lozerre, furent alternativement incendiés. Je profitai de cette circonstance pour porter dans la Nièvre le chisme et la discorde. Je me rendis dans le district de la Charité. Je tâchai de gagner la confiance des citoyens bons et crédules, en prenant le masque de la dévotion. J'assistais en conséquence à la messe et aux processions avec l'air le plus hypocrite; j'y chantais au lutrin; j'y prêchais le fanatisme et la contre-révolution. Je fis, en un mot, tout ce qui dépendit de moi pour y propager les principes de l'armée catholique et royale; mais le patriotisme des habi-

tans résista constamment à mes insinuations. Je fus ensuite obligé de passer dans la retraite quelques mois, après lesquels j'obtins un accès auprès de *Robespierre*. Ce fut à cette époque que je trahis lâchement mon bienfaiteur, et que j'abandonnai celui qui avait exposé sa vie pour me donner un azyle. Je ne profitai de la confiance de ce tyran farouche que pour persécuter les républicains de la Nièvre. Plusieurs furent arrêtés sur mes dénonciations clandestines; ils auraient péri, si le 9 thermidor ne fût venu briser leurs chaînes. Cette journée, que nous avons tant célébrée depuis, nous fit alors trembler, mes complices et moi. Nous crûmes la tyrannie abattue et nos espérances ruinées sans retour; mais la division des républicains favorisa les projets de leurs adversaires. Une terrible réaction commença, et les cris de mort furent accolés aux cris de *vive la Convention*. Ici le malade s'arrête un moment......... Je profitai de cette occasion pour me rendre dans la Nièvre, afin d'y consommer mes projets. Je commençai par y répandre les plus horribles calomnies contre ceux qui avaient occupé les fonctions publiques. J'appellai de la Vendée et de l'étranger une nuée de prêtres réfractaires déportés, pour établir le fanatisme et le désordre. Je formai des réunions de royalistes et de mécontens. Je les enflammai chaque jour par des écrits qui m'étaient envoyés de Paris. J'y organisai l'assassinat avec les chefs du parti royaliste, et nous établîmes la corruption par la débauche et l'oisiveté. En un mot, toutes les têtes républicaines furent mises à prix, et ce n'a pas été ma faute s'il en a échappé à la fureur des compagnons de Jesus.

Déjà les cris de mort et de proscription étaient dans la bouche des enfans, et à mon départ l'opinion était tellement changée, qu'on ne parlait plus que de massacrer les patriotes, que je désignais sous les noms de *terroristes* et *de buveurs de sang*.

La contre-révolution ainsi préparée, je quittai la Nièvre, et fus envoyé en mission dans l'Allier.

A mon arrivée, toutes les séductions, tous les plaisirs volèrent au-devant de moi. Des femmes perdues, des hommes aussi célèbres par leur vie crapuleuse, que par leur haine pour la révolution, formèrent ma société familière. J'épousai les fureurs de ces royalistes, et je livrai les républicains à leurs vengeances forcénées. Je passais du sein des voluptés les plus sales, dans les assemblées du Peuple, où je débitais les discours sanguinaires du moine *Turbat*. J'ai prêché à plusieurs reprises et au nom de l'humanité, l'assassinat et le massacre des patriotes; et c'est à la vertu seule du Peuple de Moulins qu'on doit de n'avoir pas vu répandre des torrens de sang dans l'Allier........

A mon retour à Paris, je fus choisi pour correspondre avec Nevers dont les sections venaient de se déclarer permanentes et en révolte à l'exemple de la section Lepelletier. Le Peuple fut tellement comprimé ou trompé qu'il n'osa pas émettre son vœu. J'instruisais, chaque jour, les meneurs des progrès de leurs amis de Paris, en les engageant à se tenir prêts à faire main-basse sur les détenus au premier signal. J'ai frémi depuis en voyant nos projets renversés et les républicains victorieux dans la journée du 13 vendémiaire. J'ai frémi en voyant que la Convention nationale avait complétté cette victoire mémorable par la bonne composition du Directoire exécutif. J'ai calomnié ces cinq républicains dans toutes mes correspondances; j'ai tout fait pour les tromper et leur enlever la confiance du Peuple; et s'il me reste, après tant de crimes, une consolation, c'est que l'effet n'ait pas répondu à mes efforts, car le mépris, dont je suis couvert, est tel, que mes calomnies, loin de porter atteinte à leur réputation, semblent au contraire leur avoir d'avantage concilié la confiance publique. Mais comment puis-je avouer des crimes dont le souvenir seul me glace encore d'épouvante? Le ciel pourra-t-il jamais me pardonner d'avoir persécuté tout ce qui fut probe et républicain, de m'être lâchement prostitué à tous les ennemis de mon pays, d'avoir vendu ma conscience et menti pour de l'argent?....

J'ai accusé d'Athéisme les républicains dont j'avais juré la perte, et je ne croyais ni à l'existence de dieu, ni à l'existence de la vertu.

Je les ai accusés de vol, et je volais jusqu'aux filles publiques, jusqu'aux barbouilleurs de papier que j'employais pour les calomnier.

Je les ai accusés de meurtre, et j'ai prêché publiquement l'assasinat; j'ai organisé et protégé les compagnies de jésus; je voulais ne faire qu'un torrent de sang des départemens de la Nièvre et de l'Allier.

Je les ai accusés d'avoir érigé la prostitution en acte civique, et je me suis vautré dans la fange, et je n'ai cessé de donner au public l'exemple de la débauche la plus sale et la plus révoltante.

Je les ai accusés d'immoralité, et j'ai été trouvé yvre-mort dans le ruisseau de la rue Vivienne, au sortir d'une orgie, et j'ai poussé l'effronterie jusqu'à laisser en gage la carte d'un de mes collégues, n'ayant pas d'argent pour payer un souper fin que j'avais fait avec deux filles chez un traiteur du boulevard. Ce collégue fut obligé de payer la dépense pour retirer sa carte.

Je les ai accusés d'avoir provoqué la révolte de Lyon et de la Vendée, et au même instant je travaillais moi-même à répandre dans la Nièvre le désordre et l'insurrection.

A l'époque où la rebellion du Cher allait éclater, j'ai fait de nouveaux efforts pour arracher aux fonctionnaires de la Nièvre, la confiance du Gouvernement. J'ai répandu le bruit de leur destitution pour empêcher les républicains de se rallier et de repousser les brigands. J'ai, dans le même moment, obtenu un congé pour aller dans le voisinage du Cher, prêcher l'insurrection et seconder les efforts des insurgés; mais ayant annoncé trop tôt mon départ, je fus démasqué, et mes projets furent déjoués.

Je ne pus voir, sans le plus grand désespoir, les succès des républicains et la défaite de la nouvelle armée catholique et royale. Depuis ce moment j'ai mis plus d'acharnement que jamais à dénigrer la conduite de ces administrateurs. J'ai fait, tout récemment encore, imprimer contre eux une diatribe sanglante où je les présente comme les complices de toutes les factions, comme les auteurs de tous les malheurs arrivés pendant la révolution. Dans cette œuvre d'iniquité je porte le délire jusqu'à vouloir forcer la main au Directoire, en le menaçant du Peuple de la Nièvre. Enfin, mon père, j'ai trahi ce qu'il y a de plus respectable parmi les hommes, j'ai trahi mes amis, ma famille, j'ai trahi le Gouvernement, j'ai trahi mon pays. En un mot, j'ai tant fait de mal, que la nature entière me repousse, et que si jamais j'obtiens grâce, je ne pourrai être assis en paradis qu'entre St.-Dominique et St.-Cartouche.

A peine a-t-il achevé de parler, qu'il se met à grincer des dents et à faire des contorsions horribles. Deux femmes croyant que le diable s'est déjà emparé de lui, prennent la fuite avec précipitation. Un enfant demi-mort se cache en tremblant sous le lit. Le chat effrayé, grimpe dans la cheminée, d'où il pousse des miaulemens affreux..... Le confesseur étonné, court à son missel; il bénit, il exorcise le démon...... Tout-à-coup une vapeur sulphureuse s'échappe, la chambre en est infectée...... Le saint homme tenant son nez d'une main, lui dépêche de l'autre une absolution *in articulo mortis*, et prend la fuite, en lui disant : si vous en échappez, adressez-vous au révérend père LANJUINAIS, qui tient du pape les pouvoirs pour absoudre tous les crimes. A ces paroles je m'éveillai. . . . . . .

La rédaction à peine achevée, je commence à craindre que la malignité n'en abuse pour ternir la réputation du citoyen *Guillerault*. En conséquence, ne voulant pas laisser le moindre prétexte à la *médisance*, et voulant que chacun sache combien je rends de justice à ce citoyen, je déclare qu'il possède au dégré le plus éminent les qualités qui constituent *le bon citoyen*; qu'il a le cœur et les mains *vierges*; qu'il est un modèle de *chasteté*, de *tempérance*, d'*humanité*, de *civisme*, de *véracité*, de *modestie*, de *courage* et de *désintéressement*.

Je déclare qu'il n'a jamais *volé personne*, quoique bien des citoyens aient *l'impudence* de s'en plaindre;

Qu'il n'a jamais *prêché l'assassinat*, comme le disent des citoyens de l'Allier et de la Nièvre, que je regarde comme indignes de la confiance des *honnêtes gens*;

Qu'il n'a jamais été le défenseur des *royalistes*, comme bien des gens le prétendent;

Qu'il n'est point un *débauché*, comme la malignité voudrait le faire croire; et que s'il est vrai, comme on le dit, qu'il ait procuré *des filles* à plusieurs citoyens, ce n'a jamais été pour de l'argent, ni pour *autoriser le vice*, mais au contraire pour leur faire voir combien il est hideux, quand on le considère de près;

Que ces imputations sont le fruit de la *jalousie* qu'inspirent toujours le *mérite et la vertu*.

Je soutiens envers et contre tous, qu'il est homme *d'esprit* et *de gout*; et que s'il fait faire ses écrits par des barbouilleurs, c'est par pure *modestie*, et pour éviter les *honneurs* qu'un *grand nom* ne manquerait pas de lui attirer. J'ajouterai que je le considère comme un *saint personnage*, capable, par ses *vertus* et *ses grands talens*, de relever l'*étendart de la foi*, et de servir de *modèle* aux générations à venir.

B.d TENAILLE.

Nevers, le 4 messidor. an 4
de la République.

A NEVERS,

Chez L. Roch, Imprimeur du Département,
près le Jeu de Paume.

www.ingramcontent.com/pod-product-compliance
Lightning Source LLC
Chambersburg PA
CBHW070533050426
42451CB00013B/2984